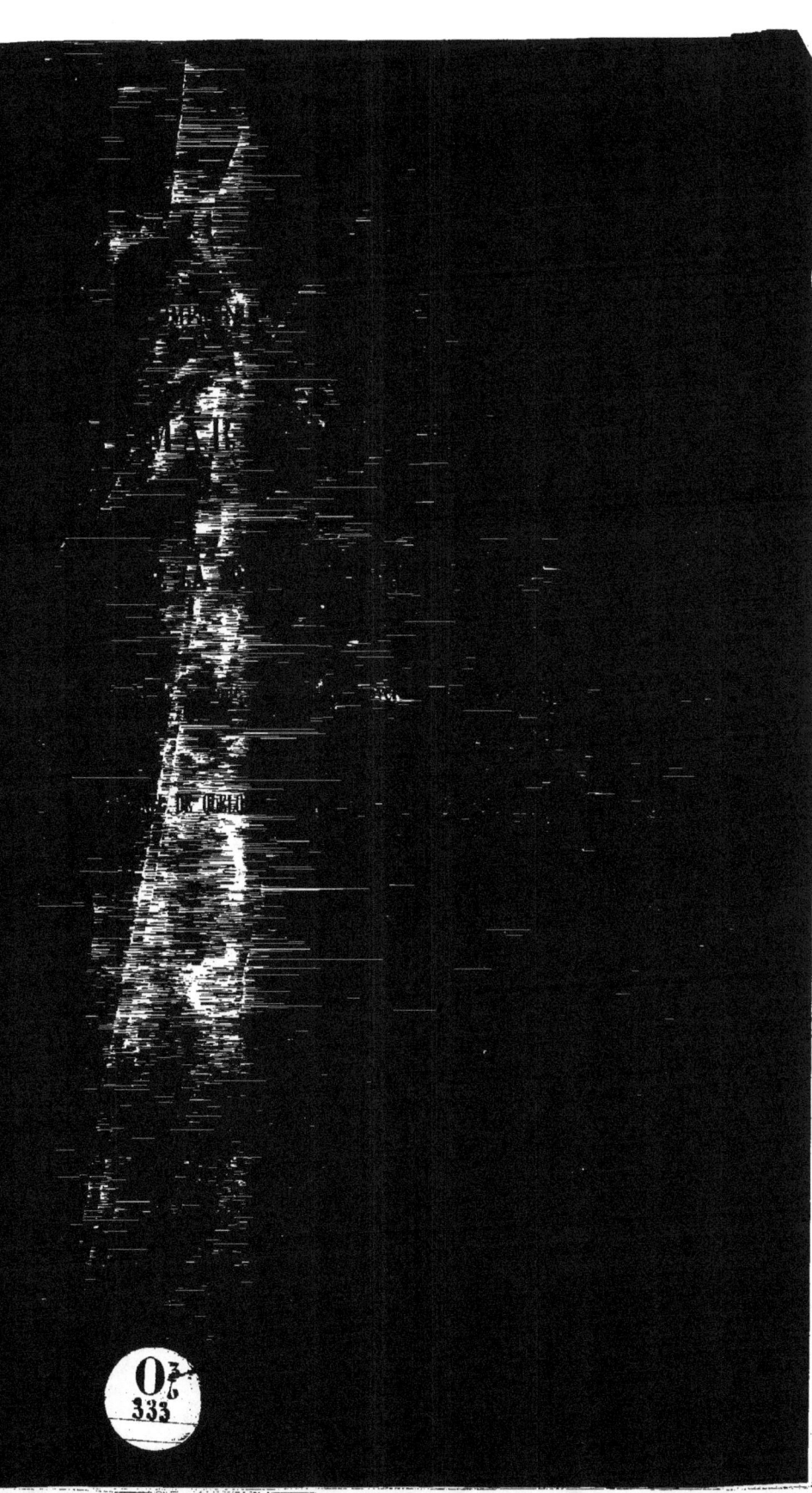

COMPAGNIE UNIVERSELLE

DU

CANAL MARITIME DE SUEZ

RAPPORT DE LA SOUS-COMMISSION D'ENQUÊTE

SUR LA

perception des droits de passage des navires traversant le Canal de Suez

ET

AVIS PERSONNEL DE QUELQUES MEMBRES DE LA SOUS-COMMISSION

PARIS
IMPRIMERIE ADMINISTRATIVE ET DES CHEMINS DE FER DE PAUL DUPONT
41, RUE JEAN-JACQUES ROUSSEAU, HOTEL DES FERMES.

1871

RAPPORT DE LA SOUS-COMMISSION D'ENQUÊTE

SUR LA

Perception des droits de passage des navires traversant le Canal de Suez

Quelques mois avant l'ouverture du Canal de Suez, l'administration de la Compagnie avait chargé une Commission d'examiner les questions se rattachant à l'exploitation du Canal; entre autres, la question de la taxe à percevoir sur les navires en transit.

L'article 17 du 2ᵉ acte de concession, qui établit les droits de la Compagnie, autorise la perception sous les trois conditions suivantes :

1° De percevoir les droits, sans aucune exception ni faveur, dans des conditions identiques ;

2° De publier les tarifs trois mois avant la mise en vigueur dans les capitales et les principaux ports de commerce des pays intéressés ;

3° De ne pas excéder, pour le droit spécial de navigation, *le chiffre de 10 francs par tonneau de capacité des navires et par tête de passager*.

En raison des complications des questions de jaugeage et de la diversité des règles des différentes nations, la Commission fut d'avis de percevoir provisoirement les droits de navigation, d'après le tonnage officiel porté sur les papiers de bord.

Ce mode de perception a été appliqué depuis le commencement de l'exploitation ; or, durant cette première période, on a reconnu que la majorité des navires traversant le Canal portaient un nombre de tonnes de marchandises bien supérieur au tonnage officiel, et l'administration de la Compagnie a réuni une nouvelle commission à l'effet d'examiner s'il n'y avait pas lieu de modifier la base de perception actuelle.

La Commission avait à rechercher ce qu'on doit entendre, aux termes des statuts, par tonneau de capacité, et comment on peut évaluer le nombre de tonneaux de capacité d'un navire.

Après une première discussion au sein de la Commission, l'étude préalable de ces questions a été renvoyée à l'examen d'une Sous-Commission dont les délibérations ont occupé huit séances. Elle a pris connaissance des documents réunis par l'administration, particulièrement du rapport adressé à la Commission d'enquête par M. Ch. Lesseps.

Elle a reçu, d'autre part, un rapport de M. Guichard, directeur de l'exploitation, une note de M. Voisin, ancien directeur général des travaux. Elle a aussi entendu les personnes qui ont bien voulu lui communiquer le résultat de leurs observations personnelles : MM. Deyrolle et de Saint-Clair, actionnaires, M. Spement, ancien officier de marine, et M. Michel, directeur de la Compagnie des phares de l'empire ottoman ; le résultat de ces communications est consigné dans les procès-verbaux. Elle vient actuellement soumettre à la Commission les conclusions auxquelles elle est arrivée, et les considérations sur lesquelles elle a formé son opinion.

PREMIÈRE QUESTION

Que doit-on entendre par tonneau de capacité des navires ?

Le terme de tonneau de capacité n'est employé dans aucun document commercial.

Le commerce emploie le tonneau dans trois acceptions différentes, suivant les qualifications qui y sont jointes :

1° Le tonneau de poids, ou simplement le tonneau, est un poids qui était autrefois de 200 livres et qui est actuellement de 1,000 kilogrammes ;

2° Le tonneau de fret, qui sert de base au tarif des transports de marchandises, et qui est tantôt un volume, tantôt un poids variable, suivant la nature des marchandises ;

4° Le tonneau de jauge, dont on se sert pour indiquer la grandeur relative des navires, leur tonnage ; le tonnage officiel est, d'ailleurs, variable d'une nation à l'autre, et chez une même nation, d'une époque à l'autre, suivant le mode de jaugeage employé. Pour les bateaux à vapeur, la jauge officielle donne deux résultats : le tonnage brut qui s'applique au navire considéré comme navire à voiles, et le tonnage net, provenant d'une déduction faite sur le tonnage brut, en raison de l'appareil de propulsion du navire.

Pour savoir ce qu'on doit entendre par tonneau de capacité, il est nécessaire de remonter aux anciens usages du commerce, d'où sont sorties ces diverses acceptions du tonneau.

Le tonneau de mer était anciennement un poids de 2,000 livres ; les impôts décrétés sur le corps des navires étrangers avaient rendu nécessaire la connaissance du nombre de tonneaux qu'un navire pouvait porter ; pour l'obtenir il eût suffi de calculer le volume d'eau déplacé par le poids des marchandises, c'est-à-dire la différence entre le poids du navire lége et le déplacement en charge ; mais la difficulté de mesurer la tranche de la carène correspondant à cette différence, variable d'ailleurs avec la cargaison, conduisit à résoudre le problème d'une autre manière. On mesura dans le navire l'espace destiné à recevoir les marchandises, et en le rapportant au volume qu'on supposait occupé par un tonneau de poids, on eut le nombre total de tonneaux que pouvait charger le navire, c'est-à-dire son tonnage ; c'est dans cette opération que consista en principe le jaugeage des bâtiments.

L'unité de volume ou le tonneau de jauge était bien alors l'espace occupé par l'arrimage dans le navire, du tonneau de poids. Cette unité, variable avant Louis XIV, suivant les ports et les usages locaux, fut réglée par les ordonnances de Colbert en 1681, à 42 pieds cubes représentant aujourd'hui 1^m44. Les motifs qui ont fait adopter ce chiffre ne sont pas indiqués dans l'ordonnance. Suivant Bouguer et l'Encyclopédie maritime, il aurait été déterminé en admettant d'une part que la différence entre le déplacement à vide et le déplacement total du navire en charge était double du déplacement à vide, et, d'autre part, que les emplacements occupés par les marchandises étaient équivalents à la capacité totale de la carène, c'est-à-dire au déplacement en charge. D'après ces deux hypothèses, le volume total occupé par les marchandises était une fois et demie le volume d'eau déplacé par leur poids : un volume de 42 pieds cubes dans les cales correspondait donc à un déplacement d'eau de 28 pieds cubes, c'est-à-dire à un poids de 2,000 livres.

Suivant d'autres auteurs et particulièrement Valin, le commentateur des ordonnances de Colbert, ce chiffre fut adopté conformément aux usages du port de Bordeaux qui comptait 42 pieds cubes pour l'espace occupé par quatre barriques de 500 livres chacune. C'est en effet l'origine la plus probable, bien qu'il ait été reconnu depuis longtemps que les quatre barriques, aussi bien arrimées que possible dans la cale d'un navire, occupent en moyenne 48 pieds cubes.

Quoi qu'il en soit, à partir de 1681 le volume de 42 pieds cubes devint le tonneau de jauge, la jauge ayant alors pour objet de mesurer la capacité des cales de navire. Voici d'ailleurs le texte de l'ordonnance de Colbert, la première où le tonneau de mer soit considéré comme représentant une capacité. « Pour connaître le port et la capacité d'un navire et en régler la jauge, le « fond de cale qui est le lieu de la charge sera mesuré à raison de 42 pieds « cubes par tonneau de mer. »

Les opérations que nécessitait la jauge d'un navire, étaient faites dans chaque port par des opérateurs assermentés qui avaient leurs méthodes spéciales.

Cet état de choses dura jusqu'à la Révolution française. A cette époque on voulut mettre plus d'uniformité et de méthode dans les règles de jauge et dans les résultats qu'elles donnaient. La Convention nationale, après avoir fait étudier la question par une commission dont le géomètre Legendre faisait partie, rendit le 12 nivose an II (1er janvier 1794) le décret suivant :

La Convention nationale, après avoir entendu le rapport de sa Commission des douanes, décrète ce qui suit :

Le tonnage des navires sera calculé de la manière suivante :

« Ajouter à la longueur du pont prise de tête en tête celle de l'étrave à « l'étambot, déduire la moitié de ce produit, multiplier le reste par la plus « grande largeur du navire au maître-bau, multiplier encore le produit par la « hauteur de la cale et de l'entre-pont et diviser par 94 pieds cubes.

« Si le bâtiment n'a qu'un pont, prendre la plus grande longueur, la mul-« tiplier par la plus grande largeur au maître-bau, multiplier le produit par « la plus grande hauteur, puis diviser par 94 pieds cubes. »

Cette règle empirique qui supprimait toute mesure directe des cales donnait le tonnage d'un navire d'après ses seules dimensions principales, c'està-dire en fonction du parallélipède circonscrit. En appelant P le volume en pieds cubes du parallélipipède, $\frac{P}{42}$ eût été le volume total en tonneaux.

Or, $\frac{P}{94}$ la fraction qui exprimait le tonnage du navire d'après la nouvelle règle, est égale à $\frac{P}{42} \times 0{,}446$; la capacité représentée par le tonnage était donc les $\frac{446}{1{,}000}$ du parallélipipède circonscrit.

Ce coefficient avait été obtenu en comparant sur un grand nombre de navires le volume des cales mesuré directement avec le produit des trois dimensions.

Cette règle supprima la définition officielle du tonneau de jauge qui resta dissimulée derrière la formule empirique. D'un autre côté, le tonnage officiel des navires étant, dans certains pays, la base d'après laquelle se percevaient les droits de navigation, le but principal des méthodes de jauge dans chaque pays fut d'abaisser le tonnage des navires, afin de favoriser la marine nationale. Les règles anglaises et américaines, qui employaient une formule analogue à la formule française en y introduisant des dimensions plus faibles, donnaient des résultats inférieurs d'un cinquième environ. Aussi, lorsqu'en 1836 une ordonnance royale eut prescrit d'exprimer en mètres les dimensions du navire, on fut obligé, l'année suivante, d'augmenter le diviseur de la formule afin de satisfaire aux réclamations du commerce français.

On adopta 3,80 au lieu de 3,228 qui eût été la traduction de 94 pieds cubes; le résultat ainsi obtenu, rapporté au tonneau de 1,44, ne fut plus que 0,377 de la capacité du parallélipipède circonscrit au lieu des 0,446 qu'on prenait antérieurement.

Mais, tout en proposant de modifier la formule, le rapport au roi du 18 novembre 1837 tenait à établir que l'ancienne règle était plus exacte qu'aucune de celles qui étaient usitées à cette époque, sauf pour quelques navires construits dans un but spécial; le changement du diviseur n'avait d'autre but que d'abaisser le tonnage français au niveau du tonnage anglais et du tonnage américain.

Les méthodes précédentes, qui ne tiennent compte que des dimensions principales, donnent le même tonnage pour des navires qui peuvent avoir, avec les mêmes dimensions, des formes différentes et, par suite, des volumes différents. C'est pour obvier à cet inconvénient et pour que le tonnage d'un navire fût en rapport constant avec son volume réel, que la nouvelle règle anglaise prit pour base la mesure aussi exacte que possible des volumes intérieurs. Mais, tenant compte de la capacité totale du navire, elle a pris un diviseur tel que les nouveaux résultats ne fussent pas différents de la moyenne des tonnages anciens.

Le diviseur du volume total exprimé en pieds cubes a été le nombre 100, qui correspond à 2,83 quand les dimensions sont prises en mètres.

La règle anglaise a été successivement adoptée par la plupart des nations, pour calculer le tonnage brut; elle donne des résultats qui sont généralement un peu inférieurs à la règle française. On admet que la différence est en moyenne de 2 à 3 0/0.

Ainsi, les nouvelles méthodes de jauge n'ont plus pour résultat, comme les anciennes méthodes françaises, d'exprimer, au moins approximativement, le nombre de tonneaux de 1,44 que le navire peut recevoir ; elles ont été successivement modifiées principalement en vue d'abaisser le tonnage des navires, et les réformes actuellement en projet visent surtout à établir un mode de jauge uniforme en rapport avec le volume du navire, sans s'occuper d'exprimer la capacité, telle qu'elle est définie par les anciennes ordonnances.

Tandis que les nouvelles méthodes faisaient oublier la valeur et la signification première du tonneau de jauge, le tonneau d'affrétement conservait avec cette ancienne mesure une relation beaucoup plus visible.

Le tonneau de fret comme le tonneau de jauge dérive du tonneau de poids de 2,000 livres (aujourd'hui de 1,000 kilog.). Mais comme les marchandises légères occuperaient sous ce poids un volume plus considérable que les marchandises lourdes, on a établi le prix du fret pour les premières, d'après l'emplacement qu'elles occupent dans le navire, et quand les armateurs chargent au poids des marchandises légères, la tonne de fret est inférieure à 1,000 kilogrammes.

Ainsi pour les boissons, le tonneau de fret, comme l'ancien tonneau de jauge, est de 4 barriques de 250 litres occupant dans le navire un peu plus de 1,44.

Pour les marchandises plus lourdes, le tonneau de fret est le poids de 1,000 kilogrammes, quel que soit le volume.

Pour les marchandises plus légères, le tonneau de fret ou d'encombrement est approximativement la quantité en poids ou en volume qu'on suppose tenir arrimée, dans l'espace de 1^m44 du navire.

Pour certaines marchandises très-légères expédiées et chargées au volume, l'affréteur taxe quelquefois le prix du transport en rapportant le volume plein des caisses au mètre cube ; mais cette manière particulière de calculer le fret ne change rien à la valeur officielle du tonneau d'encombrement qui a toujours été fixée à 1,44, ainsi que le rappellent diverses circulaires de l'administration des douanes, notamment la circulaire n°805 du 14 novembre 1861.

En Angleterre, la tonne de fret varie, quant au poids, d'après les mêmes considérations qu'en France ; elle est de 1,015 kilogrammes pour les marchandises lourdes et d'un poids plus faible pour les marchandises légères. Le volume auquel on rapporte le poids de la tonne de fret varie le plus gé-

généralement de 50 à 52 pieds cubes anglais (1,42 à 1,47) (1), et diffère par conséquent très-peu du tonneau français de 42 pieds cubes ; pour les marchandises les plus légères chargées au volume, le fret se compte à raison de 40 pieds cubes au tonneau, soit 1^m13.

C'est après avoir pris connaissance des faits qui viennent d'être exposés et en ayant plus particulièrement égard aux lois et aux coutumes françaises dans l'interprétation des statuts de la Compagnie, que la Sous-Commission a défini le tonneau de capacité ; elle a écarté d'abord toute mention de poids de cette définition.

Considérant d'ailleurs que les anciennes ordonnances, toutes les fois qu'elles ont défini le tonneau de mer, comme mesure de la capacité d'un navire, ont fixé sa valeur à 1^m44 ; d'autre part que le volume de 1,44 est resté en usage dans le commerce comme l'espace occupé sur le navire par le tonneau d'encombrement des marchandises :

La Sous-Commission a été d'avis que le terme de tonneau de capacité employé dans les statuts de la Compagnie devait s'entendre du volume de 1^m44.

DEUXIÈME QUESTION

Comment doit-on évaluer le nombre de tonnes de capacité d'un navire.

La Sous-Commission qui s'était trouvée unanime pour répondre à la première question, s'est divisée sur la seconde.

---

(1) En Angleterre les cotons, les jutes, se chargent à raison de 5 balles au tonneau de 52 pieds cubes ; les laines, les soies au tonneau de 50 pieds cubes.

Dans les colonies anglaises de l'Inde ou de la Chine la valeur du tonneau d'encombrement varie quelquefois suivant les pays : à Hong-Kong, à Hang-Haï, à Shangaï, il est généralement de 50 pieds cubes pour les marchandises chargées sur navires anglais et de 1.44 pour les marchandises chargées sur navires français. (Voir les comptes simulés des annales extérieures du commerce, livraisons de novembre 1863, février 1867 et juillet 1867.)

En présence de la diversité de la valeur du tonneau de fret, il importe de signaler un arrêt de la Chambre de Calcutta qui en règle le poids et le volume d'une manière parfaitement claire. Cette ordonnance date de septembre 1853. En voici les termes :

« Pour les marchandises payant le fret au poids, la tonne ne doit pas excéder 20 quintaux (1,015 kilog.) en poids, et 50 pieds cubes (1,41) en volume. Quand une marchandise pèse plus de 20 quintaux pour 50 pieds cubes, la tonne est fixée à 20 quintaux. Quand 20 quintaux de la marchandise occupent plus de 50 pieds cubes, le poids qui occupe 50 pieds cubes sera considéré comme la tonne de fret de cette marchandise.

« Toute marchandise qui pèsera 20 quintaux ou plus, par 50 pieds cubes, ne pourra payer le fret au volume. »

Quelques-uns des membres ont pensé qu'après la définition du tonneau de capacité, la deuxième question était, par cela même, résolue de la manière suivante :

Le tonneau de capacité étant le volume de 1^m44, le nombre de tonneaux de capacité d'un navire est nécessairement le volume total sous le pont exprimé en unités de 1,44. Le droit strict de la Compagnie s'étend à la totalité de ce résultat aussi bien pour les navires à vapeur que pour les navires à voiles ; c'est à elle qu'il appartient d'en modérer l'application d'après l'influence que les nouveaux règlements pourraient avoir sur le passage des bâtiments.

Comme mesure de transition et pour tenir compte des habitudes du commerce, on pourrait faire sur la capacité totale des bateaux à vapeur une déduction de 25 0/0 suivant une opinion, de 30 0/0 suivant une autre. Le nombre de tonnes sur lequel on percevrait les droits serait dans ce système, en désignant par V le volume total du navire en mètres cubes $\frac{V}{1,44} \times 0,75$ ou $\frac{V}{1,44} \times 0,70$. Les considérations sur lesquelles repose cette opinion, sont exposées dans deux notes annexées aux procès-verbaux et rédigées par les auteurs de la proposition.

Bien que cette solution radicale ait l'avantage d'être très-simple et qu'elle permette de modifier les recettes de la Compagnie jusqu'à les doubler, par rapport au mode de perception actuel, la majorité n'a pas partagé cette manière de voir. En taxant ainsi la capacité totale d'un navire sans tenir compte des espaces nécessaires aux agrès, à l'eau, aux vivres, à l'équipage, on arrive à conclure que la Compagnie est autorisée à percevoir les droits sur un nombre de tonnes supérieur à celui qui peut être transporté dans les meilleures conditions d'arrimage et de chargement. Cette interprétation a paru à la majorité inacceptable et à l'inverse de la minorité, elle a pensé que les faits sur lesquels reposait la définition du tonneau de capacité prescrivaient dans l'examen de la deuxième question, une marche toute différente.

Lorsqu'en effet les ordonnances de 1681 ont déterminé la manière d'obtenir la capacité d'un navire en tonneaux de 1,44, elles ont indiqué qu'on mesurerait seulement *le fond de la cale qui est le lieu de la charge ;* c'était donc seulement la capacité susceptible de recevoir la cargaison, la capacité utile qui était rapportée à l'unité de 1,44 et non la capacité totale.

Une telle définition de la capacité paraît avoir l'inconvénient au premier abord de donner une base de perception très-difficile à établir, et d'ailleurs variable pour un même bâtiment, suivant les dispositions intérieures. Mais le décret de la Convention indique nettement comment on doit résoudre la difficulté ; cette règle supprima la mesure des capacités propres à chaque navire, elle calcula le tonnage d'après les principales dimensions du bâtiment de quelque manière qu'il fût amenagé; le résultat exprimé en tonneaux de 42 pieds cubes était les $\frac{446}{1000}$ du parallélipipède circonscrit; c'était non le volume total du navire que l'on savait être plus considérable mais une fraction seulement de ce volume, représentant la proportion moyenne de capacité utilisée, d'après les mesures faites directement sur un certain nombre de navires (1).

Dans l'opinion de la majorité de la Sous-Commission c'est ainsi qu'on doit procéder pour évaluer le nombre de tonneaux de capacité d'un navire : il faut établir, le plus équitablement possible, la fraction de la capacité totale qui est utilisable d'après la moyenne des capacités utiles connues d'un grand nombre de navires. Cette fraction exprimée en unités de 1,44 donnera le nombre de tonneaux de capacité. Il a d'ailleurs été admis par la Commission elle-même que la Compagnie avait le droit d'avoir sa règle de jauge spéciale, pourvu qu'elle fût justifiable, et l'on avait pensé tout d'abord à reprendre simplement l'ancienne règle française, qui avait succédé à la mesure directe des capacités et dont les résultats doivent être plus exacts que ceux des règles modernes. Ces résultats sont en effet supérieurs au tonnage actuel de 18 0/0; mais ils sont encore au-dessous de la vérité, et d'ailleurs ils ont l'inconvénient d'être proportionnels non au volume réel du navire, mais au volume du parallélipipède circonscrit.

Pour ces différents motifs la majorité de la Sous-Commission a pensé qu'il convenait de déterminer à nouveau, d'après les documents commerciaux actuels, le rapport moyen de la capacité utile à la capacité totale des navires et c'est d'après ce rapport que sera évaluée la capacité à taxer; cette manière de procéder ne permet pas sans doute d'établir les règles de perception aussi facilement qu'en admettant pour la Compagnie le droit absolu de taxer la capacité totale; mais elle a le grand avantage, alors qu'il s'agit d'augmenter les charges du commerce, d'être d'accord avec les coutumes et les anciennes ordonnances que le commerce ne saurait récuser.

Les documents d'après lesquels a été déterminé le rapport de la capacité utile à la capacité totale, pour les navires à voiles, sont de deux sortes. Ce sont d'abord des tableaux de l'Administration des douanes françaises où sont relevés pour un grand nombre de voiliers de provenances diverses, la totalité

---

(1) Le rapport de la Commission qui avait élaboré la règle du 2 nivôse n'a malheureusement pu être retrouvé. Mais le rapport au Roi, du 5 juillet 1836, qui en avait sans doute connaissance, est très-explicite sur les considérations d'après lesquelles avait été établie l'ancienne formule; voici les termes mêmes du 1ᵉʳ paragraphe :

« Tous les gouvernements, lorsqu'ils ont établi des droits sur le corps des navires de commerce « ont cherché à les rendre proportionnels à la quantité de marchandises que ces navires peuvent « porter à fret, c'est-à-dire à leur capacité utile qu'on appelle tonnage. »

des chargements et les tonnages officiels relevés dans nos ports; d'un autre côté, on possède pour un grand nombre de navires qui ont traversé le Canal, le relevé des chargements déclarés par les capitaines; ces derniers documents ne présentent pas, il est vrai, le caractère d'authenticité des premiers, ils peuvent néanmoins servir à titre de simple indication.

Le tableau suivant résume tous ces renseignements; on y a indiqué, d'une part l'excédant du chargement sur le tonnage officiel, et d'autre part le rapport du nombre de tonnes de la cargaison au nombre de tonneaux de 1,44 contenus dans le volume total.

Pour avoir ce dernier élément, il suffirait, s'il s'agissait de voiliers anglais, de doubler à peu près le chiffre du tonnage officiel, puisqu'il exprime le volume total du navire en unités de 2,83, c'est-à-dire en unités très-sensiblement doubles du tonneau de capacité.

Pour les bâtiments français, le rapport entre la capacité totale et le tonnage n'est pas aussi constant, puisque le tonnage officiel ne tient pas compte des formes du navire; mais les résultats de la méthode anglaise et de la méthode française appliquées à un grand nombre de navires ne présentent en moyenne qu'une très-faible différence, on peut admettre que la capacité totale du navire français en tonneaux de 1,44 est, comme pour les navires anglais, double du tonnage officiel, ce qui revient à supposer que le volume de ces navires est en moyenne les 0,75 du parallélipipède circonscrit.

Les navires anglais dont les chargements ont été déclarés à Port-Saïd étant des navires à vapeur, on a retranché du tonnage brut le tonnage de l'emplacement des machines, ou du moins un minimum de ce chiffre, pour ne pas tenir compte, quant à présent, de ce dernier élément dans l'évaluation de la capacité utilisée; les résultats ainsi obtenus sont donc des minimum.

Année 1869.

TABLEAU COMPARATIF POUR 652 NAVIRES A VOILES FRANÇAIS

Du chargement effectif, du tonnage officiel et de la capacité totale (évaluée approximativement au double du tonnage officiel).

NOMBRE de Navires.	PROVENANCE.	TONNAGE OFFICIEL.	CHARGEMENT EFFECTIF.	EXCÉDANT DES CHARGES sur le tonnage.	RAPPORT de L'EXCÉDANT au tonnage officiel.	CAPACITÉ TOTALE.	RAPPORT du CHARGEMENT à la capacité totale.	OBSERVATIONS.
141	Pérou et Chili. . . .	92,011	119,214	27,203	30 0/0	184,022	65 0/0	Les chargements comprenant 114,000 tonnes de marchandises lourdes pesant 1,000 kil. la tonne.
210	Possessions espagnoles d'Amérique.	64,529	90,703	26,174	40 0/0	129,058	70 0/0	Sucres bruts et marchandises généralement plus légères que l'eau.
301	Colonies françaises. .	87,066	106,119	19,053	22 0/0	174,132	61 0/0	Sucres bruts et marchandises généralement plus légères que l'eau.
652		243,606	316,036	72,430	30 0/0	487,212	65 0/0	Ces navires peuvent être considérés comme portant leur plein chargement.

NAVIRES ANGLAIS AYANT TRAVERSÉ LE CANAL.

NOMBRE de Navires.	TONNAGE BRUT.	DIFFÉRENCE du brut au net.	RAPPORT au tonnage brut.	TONNAGE (minimum) DE L'EMPLACEMENT des machines. (1)	A TONNAGE des espaces du navire ne comprenant pas les machines (maximum).	CHARGEMENTS déclarés.	EXCÉDANT du chargement sur le tonnage A. (Minimum.)	RAPPORT de cet excédant au tonnage A. (Minimum.)	CAPACITÉ en tonneaux de 1.44 des espaces qui ne comprennent pas la machine. (Maximum).	RAPPORT du chargement à cette capacité. (Minimum).	OBSERVATIONS.
74	110,831	27,804	25 0/0	12 0/0 = 13,300	97,531	127,442	29,911	30,50/0	195,062	65 0/0	Ces chiffres sont tirés des tableaux du rapport de M. Ch. de Lesseps. La liste de ces navires est annexée au procès-verbal de la septième séance. (a Le tonnage brut a été pris sur les registres du Veritas; les chargements résultent des déclarations faites à Port-Saïd. Plusieurs de ces navires ont sans doute figuré déjà dans la catégorie précédente. (Voir le tableau annexé à la fin du rapport.)
56	85,861	24,874	29 0/0	12 0/0 = 10,303	75,558	97,932	22,374	30 0/0	154,116	65 0/0	

(1) D'après la règle anglaise qui détermine la déduction à faire subir au tonnage brut des bateaux à vapeur pour avoir le tonnage net (règle qui est exposée plus loin), on doit admettre que la déduction étant de 25 0/0 à 30 0/0 du tonnage brut, l'emplacement des machines doit jauger, en moyenne, au moins 12 0/0 du tonnage brut.

D'après ce tableau, l'excédant du chargement sur le tonnage officiel était donc (en 1869) pour 652 navires à voiles, en moyenne les 30/100 du tonnage, et le rapport du chargement, à la capacité totale exprimée en tonneaux de 1,44, était 0,65. Les deux dernières catégories comprenant 511 navires avaient été chargés de marchandises dont la tonne de fret occupe approximativement 1,44. On peut donc conclure immédiatement que pour cette série la capacité utile était les 65/108 de la capacité totale.

Quant à la première série formée de 141 navires venant du Pérou et du Chili, le chargement se compose en presque totalité de marchandises lourdes telles que les minerais et les guanos dont la tonne de fret n'occupe pas 1,44 ; avec de tels chargements la cargaison n'occupe pas la totalité de l'emplacement disponible et on ne peut, comme le cas précédent, passer du chargement à la capacité utilisée, mais en ayant égard aux conditions générales d'arrimage et de construction. On peut, sans exagérer, admettre qu'un navire dispose d'autant de tonneaux de 1,44 qu'il peut porter de tonnes de 1,000 kilogrammes. Il en résulte que pour cette série de navires comme pour les deux autres on peut dire que la capacité utile serait les 65 0/0 de la capacité totale. Les résultats fournis par les navires à vapeur anglais qui ont traversé le Canal et qui, d'après la manière dont ils sont établis, doivent être considérés comme un simple renseignement, donnent la même proportion que les voiliers entre le chargement et la capacité totale (non compris les machines).

L'ancienne règle française qui donnait un tonnage supérieur de 18 0/0 seulement au tonnage actuel, et qui exprimait environ les 60 0/0 de la capacité totale, donnerait donc pour les navires précédents des résultats inférieurs à la capacité utile.

Après avoir examiné ces documents, la majorité de la Sous-Commission a été d'avis que la capacité utile d'un navire à voiles, exprimée en tonneaux de 1,44, est en moyenne de 65 0/0 de la capacité totale et par suite qu'elle dépasse de 30 0/0 le tonnage officiel du navire, calculé d'après la méthode anglaise.

Son opinion à ce sujet a été ainsi formulée :

Pour les navires à voiles, la Compagnie est en droit de percevoir la taxe sur le tonnage officiel évalué d'après la méthode anglaise, et augmenté de 30 0/0.

Pour les navires jaugés d'après d'autres méthodes, il est entendu qu'on ramènera d'abord le tonnage du navire au tonnage anglais, d'après un barème analogue à celui de la Commission du Danube ; le résultat augmenté de 30 0/0 donnera la capacité à taxer.

Pour les navires qui ne seraient pas compris dans la nomenclature du barème; pour ceux dont le tonnage pourrait être suspecté, ce tonnage sera établi d'après la règle anglaise applicable aux navires chargés. Cette règle donne, il est vrai, des résultats assez variables (1) ; mais la Compagnie ne pouvant avoir que de rares occasions d'en faire usage, on a pensé qu'il valait mieux se rattacher complétement aux méthodes de la nation qui fournit le plus de navires au Canal et dont la règle principale de jaugeage tend à devenir la règle internationale.

La capacité à taxer des bateaux à vapeur a été déterminée d'après les mêmes principes que celle des bateaux à voiles.

Pour qu'il n'y ait pas lieu à prendre une résolution spéciale à cette classe de navires, il faudrait, dans l'ordre d'idées adopté par la majorité de la Sous-Commission, ou que l'appareil moteur ne diminuât pas l'emplacement utilisable et la charge disponible, ou que le nombre de navires à vapeur traversant le Canal ne constituât qu'une infime minorité dont les dispositions particulières ne changeraient rien aux rapports établis précédemment pour les voiliers.

Il n'en est pas ainsi : les bâtiments transitant par le Canal sont, en presque totalité, des navires à vapeur, dont l'appareil moteur réduit notablement l'emplacement des marchandises ; il y a donc lieu de faire sur la capacité du navire, calculée d'après les règles précédentes, une réduction particulière en raison du mode spécial de propulsion.

C'est d'une manière analogue que le tonnage officiel des bateaux à vapeur ou le tonnage net se calcule, en faisant une certaine déduction sur le tonnage brut du navire considéré comme navire à voiles ; mais cette déduction variable, suivant les pays, est fort au-dessus de celle qui représenterait seulement l'emplacement des machines et leurs dépendances.

Pour établir la capacité à taxer il faut au contraire que la déduction spéciale au navire à vapeur ne représente que l'espace occupé par l'appareil moteur estimé aussi équitablement que possible et sans qu'il y ait à se préoccuper des raisons qui ont conduit les gouvernements à l'augmenter pour favoriser la marine à vapeur.

La Sous-Commission n'a pas cru possible d'adopter une déduction proportionnelle à la grandeur et à la force de la machine.

La mesure de la chambre des machines, des soutes et des autres parties de l'appareil est très-difficile sinon impossible, sur un navire aménagé et chargé, et toute déduction proportionnelle à la force de la machine, qu'on

---

(1) Rapport de la Commission de jaugeage instituée en 1863 par le ministre du commerce.

croirait pouvoir estimer d'après la surface des grilles, conduirait inévitablement à des résultats sans garantie; il serait très-facile, en effet, aux constructeurs des navires destinés à prendre la route de Suez, de diminuer notablement les droits de passage en augmentant la surface des grilles; il suffirait, pour l'économie de la machine, de les réduire, en les couvrant en partie de briques, aussitôt en dehors du Canal.

Mais une autre raison qui doit faire rejeter radicalement, comme contraire à l'esprit des Statuts, toute réduction proportionnelle à la force des machines, c'est qu'on diminuerait considérablement la taxe à percevoir sur les navires à grande vitesse dont l'appareil moteur peut quelquefois occuper la plus grande partie du navire. Cette diminution serait évidemment injustifiable; de même que la capacité taxée d'un navire à voiles représente une moyenne de capacité utile, la déduction spéciale appliquée à un navire à vapeur doit représenter la moyenne de l'espace occupé par l'appareil sur les bâtiments semblables. Lorsqu'un navire se trouve notablement en dehors de ces conditions, la Compagnie n'a pas à se préoccuper du service spécial qu'il a en vue, et elle doit le taxer, comme tous les navires de même grandeur, d'après la capacité utile moyenne qu'il pourrait avoir.

La Commission a donc été d'avis que la déduction spéciale aux navires à vapeur devait être une fraction uniforme de leur capacité totale.

Pour en déterminer la valeur, on a relevé sur un grand nombre de navires anglais, la différence entre le tonnage brut et le tonnage net. En ce qui concerne les navires français, la différence est uniformément les 40 0/0 du tonnage brut; elle ne peut rien apprendre sur l'emplacement réel des machines, on sait seulement qu'elle est beaucoup trop forte.

Pour les navires anglais, au contraire, l'espace occupé par la machine et ses accessoires est d'abord mesuré, d'après la règle qui sert à calculer le tonnage brut; la déduction est alors obtenue par les règles suivantes :

« Pour les navires à roues dont l'espace occupé par l'appareil est entre
« 20 et 30 0/0 du tonnage brut, la déduction est de 37 0/0 ; pour les navires
« à hélice, dont l'espace en question est compris entre 13 et 20 0/0 du
« tonnage, la déduction est de 32 0/0. — Pour les autres navires la
« déduction sera appréciée de la même manière si les douanes et les
« propriétaires en tombent d'accord ; dans le cas contraire elle *peut*
« *être faite* après jaugeage, le tonnage occupé par l'appareil étant augmenté de moitié pour les bateaux à roues et des trois quarts pour les
« bateaux à hélice. » (Traduction publiée en 1866 par le ministère de la marine.)

Voici maintenant les résultats donnés par troisgroupes de navires :

Pour 615 navires de 500 tonneaux et au-dessus, constituant au 1er août 1869 la flotte à vapeur commerciale de l'Angleterre,

Le tonnage brut était de . . . . 820,411 tonneaux.
Le tonnage net   —   577,620   —
                                   Différence. . . . . 242,792 tonneaux.

Rapport de la différence au tonnage brut, 30 0/0.

Sur les 615 navires, 74 ont traversé le Canal ; les résultats qu'ils donnent sont les suivants (1) :

Tonnage brut . . . . 110,831 tonneaux.
Tonnage net 83,027   —
                                   Différence. . . . . 27,804 tonneaux.

Rapport de la différence au tonnage brut, 25 0/0.

Enfin, sur les registres du *Veritas*, on a pu relever le tonnage brut de soixante-six navires qui ont également traversé le Canal et qui donnent les résultats suivants (2) :

Tonnage brut . . . . 101,700 tonneaux.
Tonnage net 71,313   —
                                   Différence. . . . . 30,387 tonneaux.

Rapport de la différence au tonnage brut, 30 0/0.

La déduction moyenne faite au tonnage brut pour obtenir le tonnage net n'est donc pas en général supérieure à 30 0/0. D'après les règles qui indiquent la manière de calculer cette déduction, on doit admettre que le tonnage de l'emplacement réel de l'appareil n'est pas en moyenne plus des 20 0/0 du tonnage brut et qu'il dépasse rarement 25 0/0. Le même rapport existe entre la capacité des espaces de la machine et la capacité totale du bâtiment exprimée en tonneaux de 1.44.

---

(1) Tiré du rapport présenté à la Commission d'enquête.
(2) Voir l'énumération de ces navires annexée au procès-verbal de la septième séance de la Sous-Commission.

En accordant aux navires à vapeur une déduction spéciale de 25 0/0, on est donc certain en général de tenir un compte plus que suffisant de l'emplacement des machines ; si, pour tenir également compte des espaces occupés par les agrès, les vivres, l'équipage, etc., on prend, comme pour les navires à voiles, les 0.65 de la capacité réduite, le résultat ne sera plus que les 0.49 de la capacité totale, c'est-à-dire environ la moitié ; or, la moitié de cette capacité, exprimée en tonneaux de 1.44, est sensiblement égale, en ce qui concerne les navires anglais, au tonnage brut.

La majorité de la Sous-Commission a donc été d'avis d'adopter, pour capacité à taxer d'un navire à vapeur, le chiffre du tonnage brut anglais comme représentant en moyenne l'espace utile du navire exprimé en tonneaux de 1.44. Cette proposition se justifie d'ailleurs par l'examen direct des chargements effectifs des navires à vapeur, dont la moyenne est supérieure au tonnage brut.

Voici comment a été formulée l'opinion de la Sous-Commission :

Pour les navires à vapeur la Compagnie est en droit de percevoir la taxe sur le nombre de tonneaux indiqué par le tonnage brut, déterminé d'après la méthode de jauge anglaise.

RÉSUMÉ

La Sous-Commission avait à définir ce qu'on doit entendre aux termes de l'article 17 du 2ᵐᵉ acte de concession par tonneau de capacité des navires, et comment on peut régler les droits d'après cette base.

Remontant aux origines de la jauge, la Sous-Commission a établi que le tonneau de capacité était le volume de 1.44 appliqué à la mesure de la portion du navire qui peut être utilisée pour la cargaison.

Après avoir constaté que les modifications apportées aux anciennes règles de jauge ont eu pour but de diminuer le plus possible le tonnage des navires, sans se préoccuper d'exprimer vraiment la capacité, la Sous-Commission a pensé que la Compagnie devait établir ses taxes sans s'arrêter aux chiffres des tonnages officiels, en revenant à la capacité utile évaluée en fonction de la capacité totale du navire et déterminée aussi équitablement que possible, d'après les conditions actuelles des chargements.

La capacité totale en tonneaux de 1.44 étant d'ailleurs très-approximativement le double du tonnage brut calculé d'après la règle de jauge anglaise, la capacité à taxer sera, pour les bateaux à vapeur, la moitié de la capacité totale et s'établira sur le chiffre même du tonnage brut ; pour les bateaux à voiles, elle sera les 0.65 de la capacité totale et s'établira sur le chiffre du tonnage augmenté de 30 0/0.

On peut facilement se rendre compte de l'influence que ces nouvelles règles, combinées avec le tarif de 10 francs par tonneau, auraient sur les recettes de la Compagnie.

Laissant de côté les voiliers, les bateaux à vapeur payent aujourd'hui d'après leur tonnage net. En considérant particulièrement les navires anglais qui forment la grande majorité des bâtiments passant par le Canal, le rapport du tonnage net au tonnage brut est de 70 à 100. Les recettes seraient donc accrues dans cette proportion par la nouvelle règle ; c'est-à-dire que l'augmentation serait de 43 0/0.

Le travail de la Sous-Commission a eu pour but essentiel d'indiquer à la Compagnie l'étendue de son droit dans les conditions actuelles de la marine marchande. C'est à l'Administration à déterminer dans quelle mesure et suivant quelle progression elle doit apporter des modifications aux règles anciennes. En ce qui concerne particulièrement les bâtiments à voiles, quelques membres ont pensé qu'en les favorisant, la Compagnie pourrait les attirer vers la route de Suez. Mais dans ce cas même, il y aurait intérêt pour la Compagnie, afin de bien établir son droit, à appliquer les tarifs à la totalité de la capacité imposable, sauf à abaisser le tarif par tonneau.

Le Président, *Le Rapporteur,*
RUMEAU. E. LAROUSSE.

Paris, le 8 novembre 1871

NAVIRES ANGLAIS

Ayant traversé le Canal du 1er janvier au 30 septembre 1871, dont le chargement a été déclaré à Port-Saïd et dont le tonnage brut est indiqué sur les registres du VERITAS, en 1869.

NOMS DES NAVIRES.	TONNAGE BRUT.	TONNAGE NET.	CHARGE- MENT.	NOMS DES NAVIRES.	TONNAGE BRUT.	TONNAGE NET.	CHARGE- MENT.
Wellesley	1,134	737	1,225	Report	64,022	47,739	80,147
Parana	1,320	1,027	1,500				
Alonzo	1,329	1,055	1,580	Una	1,236	960	1,500
Orlando	1,437	1,104	1,650	Cordova	1,415	1,064	1,600
Statesman	1,851	1,209	1,950	Comorin	453	308	358
Mima Thomas	988	731	1,150	Ada	1.169	795	1,000
Golden Horn	1,188	830	1,200	Burmah	1,025	697	800
Leith	1,408	957	1,800	Cashmere	1,028	676	1,200
Catherine Apcar	1,019	800	1,265	Cella	1,992	1,587	2,467
Nile	1,354	1,081	1,800	Ceylan	2,012	1,365	1,800
Historian	1,320	1,201	2,200	Mongolia	2,999	1,946	1,800
Ganges	1,899	1,512	2,800	Mendoza	1,160	790	1,200
Pétersburg	1,566	1,064	2,000	Nubia	2,096	1,633	1,000
Breadalbane	1,310	877	1,500	Clan Alpine	1,516	942	1,000
Fagus	1,908	1,517	2,300	Investigator	701	569	860
Stirling	881	762	1,150	William Miller	888	566	1,200
Glengyle	1,933	1,235	2,085				
Achilles	2,280	1,550	3,000	Total pour 56 navires	85,861	60 987	97,932
Agamemnon	2,279	1,550	3,800				
Bywell Castle	1,376	891	1,800				
Atalante	2,198	1 716	3,000				
Albatross	990	661	1.150				
Galata	816	602	1,150	**NAVIRES**			
Niger	1,412	1,125	2,000	Dont le tonnage brut est donné par le VERITAS, et dont le chargement était inconnu ou incomplet.			
Malta	1,913	940	1,200				
Milbranke	1,296	843	1,500				
Odessa	1 054	819	1,100				
Eldon	880	611	900	REPORT du Tableau précédent, 56 NAVIRES.	TONNAGE BRUT.	TONNAGE NET.	
Scanderia	1,983	1,318	1,850				
Magdala	825	549	1,000				
Nestor	1,869	1,411	2,500				
Erl King	1,344	1,063	1,850				
Delaware	1,243	2,597	3,500	Poonah	2,152	1,477	
Dioned	1,848	1,201	2,700	Headquaters	782	518	
Minia	1,986	1,350	2,000	Sir Bartle Friar	586	471	
Ajax	2,278	1,519	3,000	Candia	1,982	1,317	
Bellona	1,888	1,430	2,080	Tanjore	1,971	1,289	
City of Brussels	1,226	916	1,740	Chiltern	1,304	846	
Craigforth	1,070	862	1,722	William Corry	1,578	1,323	
Bengal	2,185	1,175	1,900	Simlah	2,141	1,477	
Brazilian	1,942	1,809	3,000	Bengalore	2,063	1,478	
Mauritius	2,135	1,311	1,750	Punjab	1,030	700	
A reporter	64,022	47,739	80,147	66 navires	101,700	71,313	

NOTE DE M. RAMOND

ADMINISTRATEUR DES DOUANES

Les transports maritimes ont pour unité de mesure le tonneau de mer, appelé aussi et plus exactement tonneau de fret ou tonneau d'affrétement. Il se calcule en volume ou en poids, suivant la nature des marchandises et les conventions des parties. En volume, d'après la loi française, il est de 1^{m3} 44 (anciennement 42 pieds cubes). En poids, il est, d'après nos lois, de 1,000 kilogrammes (anciennement 2,000 livres), mais seulement pour les marchandises d'une densité égale au moins à celle de l'eau. Pour les autres marchandises, le poids du tonneau de fret se proportionne à leur densité, suivant d'anciens usages qui ont été sanctionnés par le décret du 25 août 1861. En Angleterre, le poids normal du tonneau du fret est un peu supérieur à celui du tonneau français (1,015 kilogrammes au lieu de 1,000 kilogrammes). Pour le tonneau en volume, il faut distinguer entre les marchandises légères et les liquides ou autres marchandises analogues. Les premières se chargent à raison de 40 pieds cubes par tonneau. Pour elles le tonneau anglais est donc inférieur d'un cinquième environ au tonneau français (1^{m3} au lieu de 1^{m} 344); mais pour les liquides, les cotons, les laines, etc., l'équilibre paraît se rétablir entre les deux pays.

Aux termes de son acte de concession, la Compagnie de Suez est autorisée à percevoir, sur les navires qui traverseront le Canal, 10 francs par tonneau de capacité.

L'accord s'est fait dans la Sous-Commission sur les deux points suivants

1° La Compagnie ayant été constituée en France, la perception doit avoir pour base le tonneau français ;

2° Ce tonneau ne peut être que le tonneau-volume, soit $1^m{}^344$, puisqu'il s'agit de l'appréciation d'une capacité, par conséquent de la mesure d'un volume.

Mais des doutes existent sur le sens réel du mot capacité.

Désigne-t-il la contenance totale du navire, à quelque destination qu'elle soit affectée ?

Ou bien, les navires se composant de deux parties entièrement distinctes par leur destination : d'une part, la cale qui reçoit les marchandises, — d'autre part, les compartements affectés à l'équipage, aux provisions, aux agrès, etc. — la capacité ne doit-elle être ici que l'expression du volume de la première partie ?

En d'autres termes, V étant le volume total du navire, et V' le volume des compartiments qui ne reçoivent pas de marchandises, la formule de la perception sera-t-elle,

$$\frac{V}{1,44}$$

ou $$\frac{V - V'}{1,44} \text{ ?}$$

A mon avis, les dispositions expresses de nos règlements n'obligeraient-elles pas, comme je l'exposerai bientôt, à conclure dans le dernier sens, on y serait conduit par cette considération décisive, me semble-t-il, que $\frac{V}{1,44}$ indiquerait un nombre de tonneaux toujours supérieur à celui que le navire pourrait porter.

Le vin est notre principal article de chargement, et tout autorise à penser que c'est le tonneau bordelais de 4 barriques qui a été, à l'origine, le type du tonneau de fret. Or, l'arrimage de quatre bordelaises exige un espace de 42 pieds cubes au moins. Puisque V' n'est pas utilisé, $\frac{V - V'}{1,44}$ sera le nombre maximum de tonneaux de vin, ou de toute autre marchandise chargée au cubage, que le navire sera capable de recevoir.

Les résultats ne seront pas différents s'il s'agit de marchandises lourdes, parce que la partie de la cale qui émerge au-dessus de la ligne de flottaison devra alors rester vide. En 1869, il est venu du Pérou et du Chili 141 navires d'une jauge officielle de 92,000 tonneaux ; par conséquent d'une contenance brute de 184,000 tonneaux de $1^m{}^344$, puisqu'il est admis que la jauge officielle n'indique que la moitié de la contenance effective. Le chargement de ces navires consistait presque exclusivement en marchandises dont le fret se

— 23 —

règle à raison de 1,000 kilogrammes au tonneau, le guano, le nitrate de soude et le cuivre. Cependant, d'après le relevé ci-joint, il ne représentait au total que 117,000 tonneaux de fret, soit un peu moins des 2/3 de la contenance brute.

Cette proportion se trouvera dépassée sans doute si le chargement peut exceptionnellement se composer à la fois de marchandises légères et de marchandises lourdes. Mais je crois que, même pour les navires à voiles, elle sera inférieure dans l'ensemble au 3/4 de la contenance brute. C'est, du moins, ce qu'on peut induire des rapprochements que je résume ci-après et qui tous concernent des importations faites en 1869 par bâtiments, voiliers pour la presque totalité, et ayant tous, selon toute probabilité, leur plein chargement.

NOMBRE des NAVIRES.	LEUR CHARGEMENT.	TONNAGE OFFICIEL.	CONTENANCE BRUTE (deux fois la jauge officielle.)	CHARGEMENT en TONNEAUX de fret.	RAPPORT des CHARGEMENTS à la contenance brute.
141	Chili et Pérou (chiffres déjà cités).	92,011	184,024	119,214	65
210	Amérique espagnole.	64,529	129,058	90,703	70
301	Colonies françaises.	87,036	174,132	106,119	60
652		243,606	487,214	316,036	65

Dans tous les cas, et suivant la remarque que j'ai déjà faite, des textes formels ont défini ce qu'est la capacité d'un navire et comment elle doit être calculée. L'article 5, titre II de l'ordonnance de Marine du mois d'août 1661 dit, en effet : « Pour connaitre le port et la capacité d'un vaisseau et en régler la jauge, *le fond de la cale, qui est le lieu de la charge*, sera mesuré à raison de 42 pieds cubes par tonneau de mer. » D'après cette ordonnance, à laquelle les règlements postérieurs se sont tous référés, la capacité est donc le volume de la partie utile du navire et non pas le volume du navire tout entier.

Une disposition analogue se trouverait dans l'article 273 du Code de commerce, d'après lequel les chartes-parties doivent indiquer le tonnage des navires, ce qui ne pouvait s'entendre alors que de la capacité utile, puisque la méthode de jauge prescrite par la loi du 12 nivôse an II avait justement pour objet de constater cette capacité.

Enfin le rapport au Roi du 18 novembre 1837 rappelle expressément qu'à l'époque où les méthodes de jauge étaient combinées en vue de procurer au Trésor tout ce qui lui était équitablement dû, le tonnage légal exprimait la quantité de marchandises que les navires pouvaient prendre à fret, c'est-à-dire leur capacité utile.

En définitive, capacité, port en tonneaux de fret, volume utile, tonnage légal, ont été, dans l'intention du législateur, des termes équivalents jusqu'au jour où les méthodes de jaugeage ont été volontairement faussées; et si ces méthodes avaient conservé leur ancienne exactitude, la Compagnie de Suez me paraîtrait sans titre pour percevoir sa taxe sur un tonnage autre que celui qui serait porté aux papiers de bord.

Dans mon opinion, ce qui autorise la Compagnie à récuser le tonnage légal actuel, c'est uniquement l'inexactitude notoire de ce tonnage. A l'exemple des Américains, tous les peuples commerçants ont modifié leur jauge, dans le but avoué de dissimuler une partie de la contenance utile des navires et de réduire ainsi les charges que ces navires supportent dans les ports étrangers. La Compagnie de Suez ne peut être contrainte à subir un désavantage qui, pour elle, est sans compensation possible. Là, et là seulement est son droit. Mais dans cette limite ce droit ne saurait être contesté; et j'ajoute, parce que cette considération me paraît importante, qu'il suffira à la Compagnie de cette revendication de ce qui lui est inconstablement dû, pour que ses revenus soient accrus dans une proportion considérable.

Les rapprochements présentés plus haut montrent quel large écart existe aujourd'hui entre le tonnage réellement utilisé et le tonnage officiel. Le rapport au Roi du 18 novembre 1837 a, au surplus, reconnu que l'ancienne jauge française exprimait exactement la capacité moyenne des navires, et que la réduction de 20 0/0 apportée alors à notre jauge n'a été motivée que par des considérations commerciales. Depuis 1837, la capacité utile des navires a été sensiblement accrue par l'emploi général du fer, par l'installation d'appareils distillatoires qui permettent de réduire les provisions d'eau. S'appuyant sur le rapport de 1837, sur la notoriété des progrès réalisés depuis, la Compagnie serait fondée à soutenir que la jauge française représente, au plus, en moyenne, les 4/5es de la contenance utile, et elle pourrait, en conséquence, prendre pour base de ses perceptions la jauge française accrue de 25 0/0.

Cette base admise, la Compagnie pourrait, dans la pratique, soit jauger elle-même, suivant la méthode française ou la méthode anglaise des navires changés, en modifiant, dans l'un ou l'autre cas, le coefficient, soit réserver le jaugeage effectif pour les circonstances exceptionnelles, et se borner habituellement à convertir en tonnage réel le tonnage légal : 100 tonneaux français seraient ainsi comptés pour 125 tonneaux. A l'égard des autres pavillons la Compagnie pourrait adopter les taux proportionnels de redressement admis par la Commission internationale du Danube. D'après cette Commission, le tonneau anglais est inférieur de 6 0/0 au tonneau français. Pour le navire anglais la base de conversion serait donc 31 0/0. Un navire de 100 tonneaux payerait la taxe sur 131 tonneaux.

La question des navires à vapeur que j'ai jusqu'à présent mise à l'écart se trouverait, dans ce système, résolue, sans contestation sérieuse possible, dans le sens vers lequel la Sous-Commission inclinerait, me semble-t-il : la perception de la taxe de 10 francs sur le *gross tonnage* anglais. La Sous-Commission a évalué à 25 0/0 l'espace occupé par la machine et ses dépendances. Mais 100 tonneaux de la jauge brute anglaise devant être comptés pour 131 tonneaux, il resterait, après la déduction de 25 0/0, 98 tonneaux à soumettre à l'impôt ; et l'on aurait plus de 100 tonneaux imposables si la déduction afférente aux machines était abaissée, comme on y serait certainement autorisé, à 20 ou 22 0/0. Qu'est-ce en réalité que le *gross tonnage* ? L'expression, non pas de la capacité totale du navire, mais d'une capacité déjà réduite par la formule de jauge anglaise, dans une proportion qui tient largement compte à la fois des espaces non utilisables et de l'emplacement de la machine. La Compagnie peut donc très-légitimement le frapper en totalité. Quant aux navires à vapeur français, une jauge brute de 100 tonneaux équivaudrait pour la Compagnie à 125 tonneaux. Déduction faite, pour les machines, de 25 0/0, il resterait 94 tonneaux imposables. On aurait sensiblement le même résultat en augmentant de 60 0/0 le tonnage officiel de 60 tonneaux que porteraient les papiers de bord.

Je résume ces impressions.

La taxe de 10 francs serait perçue pour les navires à vapeur ;

Sur le *gross tonnage* quand il s'agirait de navires anglais,

Sur le tonnage officiel augmenté de 60 0/0, quand il s'agirait de navires français ;

Pour les navires à voiles, on augmenterait de 25 0/0 le tonnage officiel français, de 31 0/0 le tonnage officiel anglais.

Les navires des pays qui n'ont pas adopté la méthode anglaise et, au besoin, les navires français ou anglais qui réclameraient contre ces bases de conversion, seraient jaugés d'après la règle anglaise des navires chargés, modifiée dans son coefficient de façon à produire une augmentation de 31 0/0, et sauf réduction de 25 0/0 sur les résultats du jaugeage quand il s'agirait de navires à vapeur.

Enfin on abaisserait la taxe à 5 francs, mais sur les mêmes bases de perception, pour les navires à voiles ou à vapeur qui seraient sur lest ou qui seraient entièrement chargés de houille

COLONIES FRANÇAISES

La Réunion, la Martinique, la Guadeloupe, la Guyane, **301** navires jaugeant en douane **87,066** tonneaux.

DÉSIGNATION DES MARCHANDISES.	Poids.	COMPOSITION du tonneau d'affrètement.	CONVERSION en tonneaux d'affrètement.
	Kilog.	Kilog.	Tonneaux.
Sucres.	90,459,000	1,000	90,459
Café.	741,000	800	926
Cacao.	857,990	700	1,225
	Litres.	Litres.	
Tafia (alcool pur).	3,823,000	450 d'alcool pur, soit 900 litres de tafia	8,496
	Kilog.	Kilog.	
Rocou.	978,100	900	1,086
Bois d'ébénisterie.	522,000	1,000	522
Lichens tinctoriaux.	298,000	400	745
Peaux brutes fraîches ou sèches.	232,000	1,000	232
Casse.	321,000	450	713
Phormium tenax, abaca, etc.	68,000	600	113
Fruits de table.	68,000	700	97
Débris de vieux ouvrages en cuivre.	45,000	1,000	45
Graines à ensemencer.	238,000	700	340
Vanille.	16,000	350	45
Coton.	115,500	600	192
Autres articles.	Valeur 592,000 fr.	Évaluée en tonn. à	883
TOTAL EN TONNEAUX D'AFFRÈTEMENT.			106,119

PÉROU ET CHILI

144 navires jaugeant en douane **92,011** tonneaux.

DÉSIGNATION DES MARCHANDISES.	Poids.	COMPOSITION du tonneau d'affrètement.	CONVERSION en tonneaux d'affrètement.
	Kilog.	Kilog.	Tonneaux.
Guano.	95,045,000	1,000	95,045
Nitrate de soude.	10,583,000	1,000	10,583
Cuivre pur de première fusion.	3,983,000	1,000	3,983
Minerai de cuivre.	693,000	1,000	693
Coton.	756,000	700	1,260
Cacao.	110,250	700	157
Peaux brutes fraîches ou sèches.	2,057,000	1,000	2,057
Écorce de quinquina.	62,000	500	124
Borate de chaux.	214,000	1,000	214
Lichens tinctoriaux.	57,000	400	142
Laines en masse.	325,000	400	812
Miel.	307,000	800	383
Froment en grains.	1,485,000	1,000	1,485
Racine de garou.	183,000	500	366
Nacre de perle.	105,000	700	150
Cire non ouvrée.	25,000	800	31
Autres articles.	Valeur 741,000 fr.	Évaluées en tonn. à	1,729
TOTAL EN TONNEAUX D'AFFRÈTEMENT.			119,214

POSSESSIONS ESPAGNOLES D'AMÉRIQUE

210 navires jaugeant en douane 64,529 tonneaux.

DÉSIGNATION DES MARCHANDISES.	Poids.	COMPOSITION du tonneau d'affrètement.	CONVERSION en tonneaux d'affrètement
	Kilog.	Kilog.	Tonneaux.
Sucres	76,831,000	1,000	76,831
Café	2,773,600	800	3,467
Cacao	1,456,300	700	2,080
Bois de teinture en bûches	3,317,000	1,000	3,317
Bois d'ébénisterie	523,000	1,000	523
	Litres.	Litres.	
Rhum et tafia (alcool pur)	265,000	450 (A)	588
	kilog.	kilog.	
Tabacs en feuilles	311,000	350	888
Cigares	162,000	200	810
Ecailles de tortue	4,000	400	10
Joncs et roseaux	506,000	400	1,265
Merrains de chêne	53,000	800	66
Cire non ouvrée	6,000	800	7
Débris de vieux ouvrages en cuivre	19,000	1,000	19
Munitions de guerre (projectiles)	60,000	1,000	60
Sirops, confitures et bonbons	6,000	200	30
Noix de coco	64,000	400	160
Nattes et tresses de bois blanc	4,000	400	10
Autres articles	Valeur 372,000 fr.	Évaluées en tonn. à	452
TOTAL EN TONNEAUX D'AFFRÈTEMENT			90,703

(A) 450 litres d'alcool pur, soit 900 litres de tafia.

NOTE DE M. DE FOURCY

RELATIVE

A la perception des droits de navigation sur le Canal de Suez

Etat de la question.

L'article 17 de l'acte de concession de la Compagnie autorise la perception d'un péage, soumise notamment aux deux conditions suivantes :

1° Percevoir ces droits, sans aucune exception ni faveur, sur tous les navires dans des conditions identiques ;

2° Ne pas excéder, pour le droit spécial de navigation, le chiffre maximum de 10 francs par tonneau de capacité des navires et par tête de passager.

Depuis que le Canal est en exploitation, ces droits sont provisoirement évalués d'après la jauge officielle des navires. Mais, en raison du mode de jaugeage adopté par les différentes nations, et qui varie d'une nation à l'autre, la Compagnie a été conduite à examiner s'il n'y aurait pas lieu de modifier les taxes de sa perception, pour la rendre plus conforme au principe d'égalité, ainsi qu'à son droit et à ses propres intérêts.

Membre d'une Sous-Commission appelée à exprimer son avis sur ces questions délicates et vitales pour la Compagnie, le soussigné, qui, à la suite d'une discussion longue et approfondie, n'a pu ni faire prévaloir ni modifier lui-même son opinion, croit devoir en résumer succinctement les principes et les motifs.

La Compagnie de Suez, qui, à travers des difficultés dont l'historique n'est plus à faire, et, au prix d'une dépense de cinq cents millions, vient d'accomplir peut-être l'œuvre la plus utile et la plus grande du XIXᵉ siècle, peut aujourd'hui légitimement prétendre à la récompense de ses efforts ; et si, pour trouver la rémunération des capitaux engagés avec tant de persévérance dans cette belle entreprise, elle est obligée de réclamer aujourd'hui l'exercice de ses droits, dans toute leur plénitude, qui pourrait la blâmer ou s'en plaindre ?

Dans tous les cas, la Compagnie ne doit plus aujourd'hui avoir pour limite que ses propres intérêts, qui, tout en se liant à ceux du commerce lui-même, peuvent ne pas toujours se confondre entièrement avec eux. Quelle que soit notre pensée ou plutôt notre sentiment sur l'usage qu'il convient de faire des droits de la Compagnie, nous ne l'exprimerons, à la fin de cette note, qu'avec une grande réserve, parce que les éléments nous font défaut pour nous former une opinion absolue. C'est une question de mesure, qui peut varier suivant les temps et les circonstances et dont l'appréciation ne peut ressortir qu'aux administrateurs de la Compagnie.

Question à résoudre.

Tout ce que la Sous-Commission semble pouvoir faire utilement, c'est d'exprimer son avis sur la limite extrême du droit et les moyens de l'appliquer dans sa rigueur.

A ce point de vue, les questions à résoudre pourraient se formuler ainsi :

1° Quel est le volume d'un *tonneau de capacité*, dans le sens attaché à ces mots par l'acte de concession ?

2° Qu'est-ce que la *capacité* d'un navire dans le sens attaché à ce mot par l'acte de concession ?

3° Quels sont les moyens pratiques d'évaluer cette capacité pour en décliner le chiffre de la perception pour chaque navire ?

1ʳᵉ Question. — Quel est le volume d'un tonneau de capacité dans le sens attaché à ces mots par l'acte de concession ?

Sur la première question, nous dirons :

Dans les premiers règlements sur le jaugeage qui remontent à l'ordonnance de Colbert sur la marine en 1681, le tonneau-poids était de 2,000 livres et le tonneau-volume (le seul dont il puisse être ici question) était de 42 pieds cubes français, soit $1^{mc}44$.

Le mode de jauger les navires français a, depuis cette époque, subi plusieurs variations; mais cette unité spéciale est toujours restée la même; et il serait difficile d'établir, ou même de penser que, dans l'intention commune des parties contractantes, une Compagnie française, stipulant avec un gouvernement étranger, ait pu attacher une autre signification au mot lui-même de *tonneau*, employé dans son acte de concession.

Ajoutons cependant qu'en attribuant un volume de $1^{mc}44$ au tonneau de capacité, il semble qu'on fasse la part très-large aux nécessités de l'arrimage et aux espaces forcément perdus dans la cale d'un bâtiment qui navigue à pleine charge, alors que le tonneau de fret, tel qu'il est usité en Angleterre, dans le gouvernement ottoman et en France même, est de 40 pieds cubes anglais, soit $1^{mc}13$.

2ᵉ Question. — Qu'est-ce que la capacité d'un navire, dans le sens attaché à ce mot par l'acte de concession ?

A la seconde question nous répondrons :

L'acte de concession renferme le mot de *capacité* sans restriction d'aucune sorte. C'est en vertu d'une interprétation tout à fait arbitraire, essentiellement dommageable à la Compagnie et, selon nous, absolument contraire à son droit, qu'on voudrait réduire le volume de la capacité imposable à celui de l'espace que peuvent occuper les marchandises. Cet espace lui-même est très-variable avec le poids et la nature des objets transportés ; et si, entrant dans cette voie on s'écartait du sens littéral, grammatical, usuel du mot *capacité*, ne serait-on pas logiquement conduit à transformer le péage de la Compagnie, *qui est un droit de navigation,* en un tarif proportionnel au volume de marchandises dont le navire serait réellement chargé

Pour nous la *capacité* d'un navire, dans le sens attaché à ce mot par l'acte de concession, c'est le vide total sur le pont, dans les dunettes, tengue, gaillards d'arrière ou toute autre construction permanente et fermée, que ce vide soit rempli soit par des marchandises, soit par des machines à vapeur, soit par la houille qui alimente ces machines, soit par des voiles, des cordages, les vivres de l'équipage, etc., ou qu'il ne contienne rien.

3ᵉ Question. — Quels sont les moyens pratiques d'évaluer ?

Enfin, sur la troisième question, nous dirons:

Les navires anglais, dont il y a lieu de se préoccuper avant tout et auxquels il convient de tout rapporter, renferment dans leurs papiers de bord des indications à l'aide desquelles on peut toujours facilement retrouver la capacité telle que nous venons de la définir, et il existe d'ailleurs en Angleterre une règle applicable à la mesure de la capacité des navires chargés, lorsqu'il n'a pas été possible de mesurer l'aire des sections intérieures. De quelque manière que cette capacité ait été ou puisse être constatée en la désignant par V, et en l'exprimant en mètres cubes, le droit *exigible* est exprimé en argent dans notre opinion :

$$10^f \times \frac{V}{1.44}$$

Quant aux navires des autres nations qui n'ont pas encore adopté le mode de jaugeage anglais, un coefficient calculé pour chaque nationalité, le plus exactement possible, d'après les résultats comparativement obtenus suivant le mode appliqué, permettrait de placer tous les pavillons dans une situation à peu près identique.

Conclusion.

En terminant cette note, que nous nous sommes efforcé de rendre aussi sommaire que possible, nous ajouterons seulement que, pour ménager la transition en se rapprochant des usages anglais, et pour favoriser la navigation à vapeur, dont le développement intéresse la prospérité du Canal, nous proposerions d'admettre une déduction de 25 0/0 sur le tonnage des bâtiments à vapeur.

La Compagnie peut modérer, si elle le juge utile à ses intérêts, l'exercice de son droit ; mais nous croyons qu'il lui importe au plus haut degré d'en maintenir le principe dans toute son intégrité.

Paris, ce 30 octobre 1871.

Ch. de FOURCY.

NOTE DE M. HANET-CLÉRY

SUR LA QUESTION DU TONNAGE

L'acte de concession s'exprime ainsi (art. 17) : « La Compagnie est autorisée
« à établir et à percevoir des droits de navigation, pilotage, etc., suivant les
« tarifs qu'elle pourra modifier à toute époque, sous la condition expresse :

« 1° — —
« 2° — —

« 3° De ne pas excéder, pour le droit spécial de navigation, le chiffre
« maximum de 10 francs par tonneau de capacité des navires et par tête de
« passager. »

D'après ces termes, la Compagnie est maîtresse d'établir et de modifier
la base et la quotité de son tarif spécial de navigation, pourvu que la perception
reste au-dessous d'un maximum qui est nettement déterminé, 10 francs par
tonneau de capacité du navire.

La Sous-Commission a établi à l'unanimité que le tonneau de capacité
devait s'entendre du tonneau français dont la valeur en volume est de $1^{mc}44$

Nous considérons ce premier point comme acquis et hors de discussion.

Dès lors, il ne reste plus, pour avoir la limite supérieure de la taxe, qu'à
calculer le nombre de tonneaux de capacité du navire.

Sur ce point, la majorité de la Sous-Commission, se référant à ce qu'elle
considère comme l'usage commercial et officiel, semble vouloir interpréter
le nombre de tonneaux de capacité du navire par le nombre de fois $1^{mc}44$

que contient la partie du navire qui est susceptible de recevoir des marchandises, et elle propose que la taxe soit établie sur le nombre ainsi calculé.

Pour nous, voulant d'abord établir le plein droit de la Compagnie et nous référant aux termes mêmes de l'acte de concession, nous demandons que ce soit le navire, tout le navire, et non pas une partie du navire, dont la contenance en unités de $1^{mc}44$ soit considérée comme le maximum de la perception de la taxe.

Traduite en chiffres proportionnels et d'une manière générale, la différence entre notre interprétation et celle de la majorité de la Sous-Commission peut s'évaluer par le rapport de 5 à 3.

Hâtons-nous de dire que nous ne proposons pas la perception d'un plein droit aussi élevé.

Ce serait, en effet, pour les navires anglais, tripler environ la taxe au net qui se perçoit actuellement, plus que la tripler pour les navires français.

Cette augmentation, surtaxant le commerce dans une mesure qu'il considérerait certainement comme excessive, pourrait devenir désavantageuse à la Compagnie. Il nous paraît qu'il serait tenu un compte assez équitable de tous les intérêts en jeu, en doublant seulement la taxe nette ; ce qui reviendrait à établir la taxe sur la jauge officielle brute augmentée de 40 0/0, ou, en d'autres termes, à imposer très-approximativement les 70 centièmes de la contenance totale du navire. La déduction des 30 centièmes serait présentée comme faite pour tenir compte de l'emplacement de la machine et accessoires, dans les navires à vapeur (1).

Nous proposons d'adopter la même formule pour les navires à voiles, de manière à tenir compte des rechanges du navire et des besoins de l'équipage, au besoin à titre de prime en leur faveur.

Nous serions même d'avis d'augmenter cette déduction, si une déduction quelconque pouvait suffire pour attirer sur le Canal cette catégorie de navires.

Nous ferons d'ailleurs remarquer, au sujet du quantum de réduction proposé, qu'il n'a rien d'absolu. Nous ne tenons qu'au principe qui est, une fois la limite du droit de la Compagnie bien consacrée, de s'en départir dans une mesure qui tout en n'éloignant pas le commerce, serait la plus avantageuse pour la Compagnie. Quant à apprécier si notre chiffre de réduction atteint efficacement ce double but, et s'il ne vaudrait pas mieux faire plus

---

(1) En diminuant de moitié cette proportion, c'est-à-dire en prenant 1 fois et demie le tonnage net, la taxe reviendrait au tonnage brut.

encore, nous n'avons pas en main des éléments qui nous permettent de faire autre chose que des conjectures.

Nous ne considérons donc notre quantum que comme une indication, comme une base pour la discussion du chiffre définitif de la réduction qui cependant ne devrait pas, à notre sens, s'en écarter notablement.

II.

Un second principe, que nous considérons comme très-désirable de faire établir, c'est que la taxe ne soit pas perçue d'après des mesures directement faites pendant la traversée du navire. Les papiers officiels de jauge présentent en général toute garantie et nous pensons que, comme de ces papiers on pourra toujours déduire d'une manière suffisamment approximative les éléments de la taxe, il ne devra être recouru à un mesurage que comme moyen de vérification, lorsque les agents seront amenés à supposer quelque fraude.

Si cet ordre d'idées est adopté, rien ne sera plus simple que de déterminer d'une manière générale, pour chaque pavillon, le coefficient par lequel son jaugeage officiel devra être multiplié pour correspondre à la capacité imposable. Il en sera de même dans le cas de nécessité de vérification, pour la quantité dont devra être modifié le produit des dimensions qui seront prises, quelles qu'elles soient d'ailleurs.

III.

Nous nous arrêtons aux considérations qui précèdent.

Notre intention n'est pas de fouiller dans les détails la question, d'examiner par exemple tous les cas particuliers qui peuvent se produire, et, à d'autres points de vue, toutes les difficultés, toutes les fraudes susceptibles de se présenter dans la pratique, pas plus que d'indiquer la manière de résoudre les uns ou d'obvier aux autres.

La mission de la Commission ne nous paraît point être d'entrer dans ces détails d'exécution, qu'il appartiendra au service de régler, une fois les principes bien établis.

Nous ne voulons pas non plus chercher à l'avance les objections qu'il est possible de faire à nos propositions. Nous nous réservons d'y répondre verbalement s'il y a lieu.

Paris, le 28 octobre 1871.

HANET-CLERY.

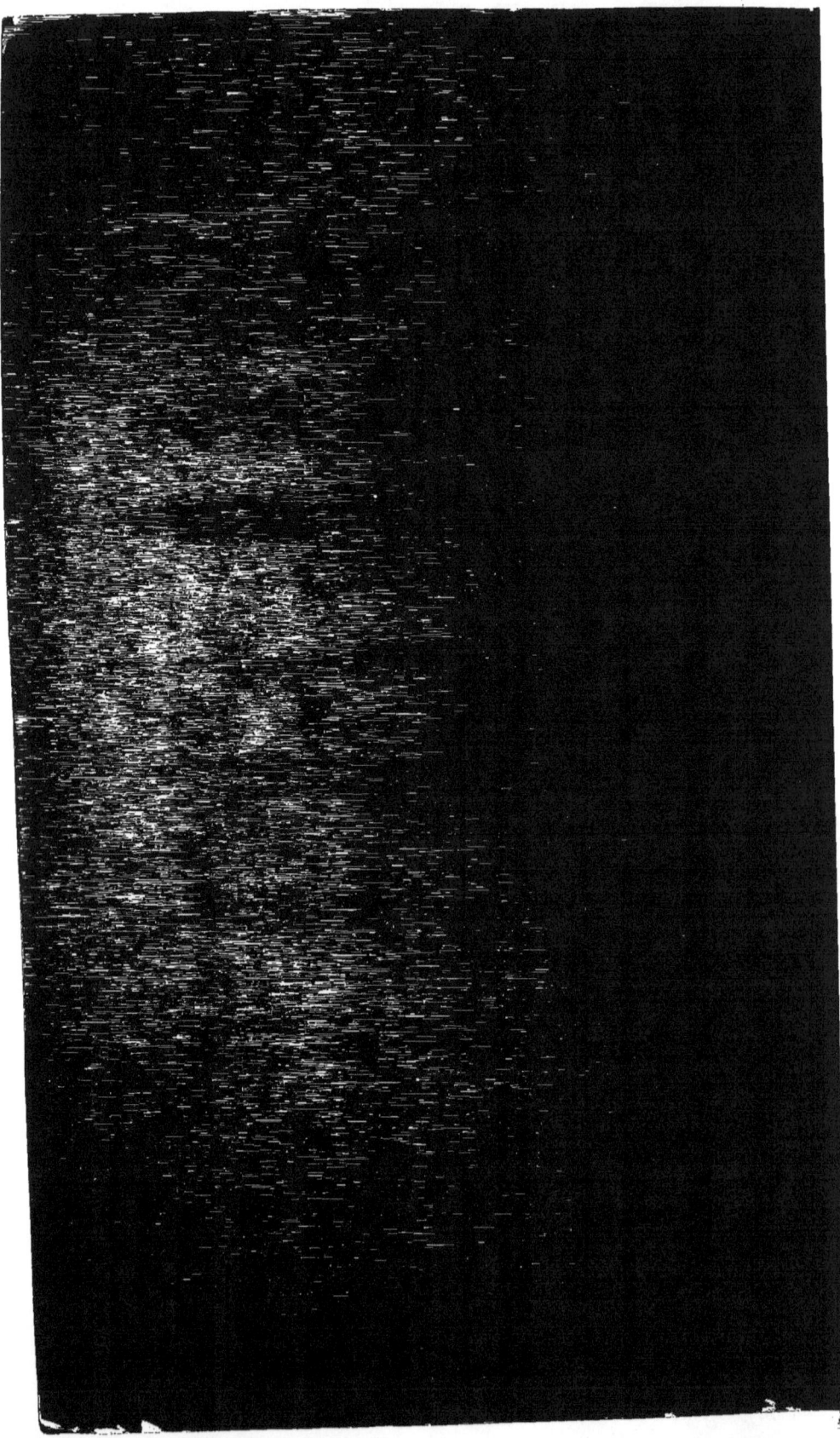

www.ingramcontent.com/pod-product-compliance
Lightning Source LLC
Chambersburg PA
CBHW070711050426
42451CB00008B/598